Ambivalenzen der digitalen Transformation. Nachhaltige Medientechnologien und der Weg in eine grüne Zukunft?

Florian Rumberg

Bibliografische Information der Deutschen Nationalbibliothek:

Die Deutsche Nationalbibliothek verzeichnet diese Publikation in der Deutschen Nationalbibliografie; detaillierte bibliografische Daten sind im Internet über http://dnb.d-nb.de abrufbar.

ISBN: 9783346861184
Dieses Buch ist auch als E-Book erhältlich.

Druck und Bindung: Books on Demand GmbH, Norderstedt Germany
Gedruckt auf säurefreiem Papier aus verantwortungsvollen Quellen

Das vorliegende Werk wurde sorgfältig erarbeitet. Dennoch übernehmen Autoren und Verlag für die Richtigkeit von Angaben, Hinweisen, Links und Ratschlägen sowie eventuelle Druckfehler keine Haftung.

Das Buch bei GRIN: https://www.grin.com/document/1352055

Humboldt-Universität zu Berlin
Kultur-, Sozial- und Bildungswissenschaftliche Fakultät
Institut für Musikwissenschaft und Medienwissenschaft
Seminar: Medien(Um)Welten: Theorien und Fallstudien
Sommersemester 2022

Ambivalenzen der digitalen Transformation

Nachhaltige Medientechnologien und der Weg in eine grüne Zukunft?

Florian Rumberg

Inhaltsverzeichnis

1. Einleitung

Aus dem Produktvideo zum IPhone 13 des Technologieunternehmens Apple lassen sich gleich mehrere interessante Aspekte digitaler Medientechnologien entnehmen. Der Protagonist des fiktiven Clips ist ein junger Paketzusteller, der in rasender Geschwindigkeit seinen Arbeitstag und den darauffolgenden Feierabend durchlebt.[1] Dabei spielt sein Smartphone in jeder Situation eine essenzielle Rolle und unterstützt ihn durch hochentwickelte Technologien der Kommunikation, Ortung und sogar im kreativen Kontext mit einer hochauflösenden Kamera. Die Botschaft des Unternehmens ist eindeutig: Unsere Produkte sind in allen gesellschaftlichen Schichten etabliert und erleichtern den Alltag in jeder Lebenslage. Richtet man nun den Blick auf die Nutzung und Entwicklung digitaler Medientechnologien in den letzten 20 Jahren, lässt sich feststellen, dass Smartphones, Computer und das Internet tatsächlich in nahezu jedem Bereich des alltäglichen Lebens ihren festen Platz gefunden haben – zumindest ist das in den entwickelten Industrieländern der Fall. An dieser Stelle muss darauf hingewiesen werden, dass diese vermeintlich technologische Erfolgsgeschichte des 21. Jahrhunderts auch einige Schattenseiten mit einschließt, die es kritisch zu untersuchen gilt. Besonders die Herstellung, Nutzung und Entsorgung digitaler Medientechnologien haben immense Auswirkungen auf die Umwelt und die Lebensbedingungen in weniger entwickelten Ländern. Ich habe daher schon auf dem Titelblatt bewusst die Abbildungen einer illegalen Mülldeponie in Ghana und das moderne Fairphone 4 einander konträr gegenübergestellt, um die Ambivalenz zwischen der digitalen Transformation und der fortschreitenden Umweltzerstörung sichtbar zu machen. Im Zeitalter des Anthropozän ist diese Thematik außerordentlich relevant, da Gesellschaft und Politik zwar zunehmend Maßnahmen gegen die Klimakrise ergreifen, der Konsum von elektronischen Geräten jedoch ungebremst zunimmt. Auch in den Medienwissenschaften als interdisziplinär geprägtem Fach richtet sich der Blick im Kontext der Digitalität daher zunehmend auf Themen der Nachhaltigkeit. Arbeiten von Jussi Parikka oder auch Jennifer Gabrys legen nahe, dass nicht nur das Medium selbst zentraler Gegenstand der Forschung sein sollte, sondern auch dessen Materialität und Umwelteinflüsse mitgedacht werden müssen.

---

[1] *Everyday Hero*, Apple, YouTube-Video, https://www.youtube.com/watch?v=abDXzygET-w, USA, 15.09.2021 [24.08.2022].

Diese Hausarbeit wird sich daher mit den Auswirkungen der digitalen Transformation auf die Umwelt auseinandersetzten und beispielhaft Problematiken bei der Herstellung, Nutzung und Entsorgung digitaler Medientechnologien darlegen. Ausgangspunkt und Grundlage der Diskussion bildet die Monografie „A Geology Of Media" von Jussi Parikka. In der Publikation wird ein alternativer medienarchäologischer Ansatz verfolgt, der sich darin auszeichnet, Medien- und Erdgeschichte nicht voneinander zu trennen: Der Blick müsse sich demnach nicht nur auf das Medium selbst richten, sondern auch Aspekte der Umwelt miteinbeziehen.[2] Für den Diskurs über digitale Medien im Zeitalter des Anthropozän stellt dieses alternative Konzept einen idealen Rahmen dar, weil so auch aus medientheoretischer Perspektive Faktoren wie Umwelt, Herstellungsverfahren und Recyclingmöglichkeiten erfasst werden können.

Die grundlegende Frage wird hierbei sein, inwiefern es möglich ist, digitale Medientechnologien nachhaltig zu gestalten und dabei Ressourcen sowie Energie einzusparen. Das Konzept der Nachhaltigkeit bezieht sich in dieser Arbeit stets auf die ökologischen sowie sozialen Auswirkungen von Medien auf ihre Umwelt. Dazu ist es dringend erforderlich, die vielschichtigen materiellen Ebenen von digitalen Medientechnologien zu entschlüsseln, da beispielsweise schon ein modernes Smartphone aus über 30 verschiedenen Metallen besteht.[3] In Anbetracht der undurchsichtigen Verflechtungen zwischen Rohstofflieferanten und Herstellern wird auch die Frage nicht außer Acht gelassen, inwieweit ein nachhaltiger Umgang mit digitalen Medientechnologien grundsätzlich möglich ist.

Die Auseinandersetzung mit dem Fairphone wird exemplarisch dazu dienen, die Thematik anschaulicher zu gestalten und gleich mehrere wichtige Aspekte und Mechanismen digitaler Medien zu erörtern. Denn sowohl das komplexe Design von Smartphones[4], das sich durch eine Vielzahl von technischen Komponenten wie Prozessor, Display, Kamera und Datenspeicher auszeichnet wie auch die vielschichtige Materialität der einzelnen Bauteile enthalten schon die grundlegenden Elemente digitaler Medientechnologien. Das moderne Smartphone steht daher ikonisch für die unzähligen Arten von digitalen Computern, die sich in mannigfaltiger

---

[2] Annika Richterich, Jussi Parikka: „A Geology Of Media And A New Materialism: Jussi Parikka in Conversation with Annika Richterich", *Digital Culture & Society*, 1/1 (2015): S. 214.

[3] Armin Reller, Joshena Dießenbacher: „Das ,Fairphone' – ein Impuls in Richtung nachhaltige Elektronik?". In: *Kritische Metalle in der Großen Transformation*, hrsg. v. Andreas Exner, Klaus Kümmerer und Martin Held. Heidelberg: Springer Spektrum Berlin, 2016, S. 277.

[4] Gemeint ist hier das technische Design

Form vom Smart-TV über das Tablet bis hin zur Smartwatch erstrecken. Schlussendlich sollen auch Problematiken des Recyclings und der jährlich zunehmende Elektronikabfall thematisiert werden, um zentrale Lösungsansätze für dessen Verbleib und anderweitige Nutzungsmöglichkeiten zu eröffnen.

2. Hauptteil

2.1. A Geology Of Media: Digitalität und Materialität im Zeitalter des Anthropozän

Die Diskrepanz zwischen den materiellen Realitäten digitaler Medientechnologien und dem Bild, das Unternehmen wie Apple, Samsung oder auch Google von ihren Produkten zeichnen, verschärft insbesondere eine Problematik: Während den Nutzer*innen mit den eleganten, formvollendeten und in Aluminium oder Keramik gehüllten Geräten kontinuierlicher Fortschritt suggeriert wird, entsteht bei der Herstellung und Entsorgung dieser Technologien ein erheblicher Schaden für die Umwelt. Der Medientheoretiker Jussi Parikka argumentiert in seiner Monographie „A Geology Of Media" daher, dass es für ein Verständnis der zeitgenössischen Medienkultur unabdingbar ist von den materiellen Realitäten auszugehen, die unseren digitalen Technologien vorausgehen.[5] Der Blick soll sich demnach nicht mehr nur auf das Medium selbst und seine Komponenten richten, sondern bis zum Ursprung seiner Existenz vorstoßen, der bis in die tiefen geologischen Schichten der Erde reicht: „This book is structured around the argument that there is such a thing as *geology of media*: a different sort of temporal and spatial materialism of media culture than the one that focuses solely on machines or even networks of technologies as nonhuman agencies."[6] Um dieses erweiterte Medienverständnis zu strukturieren, nutzt Parikka das Konzept der Deep Time Friedrich Zielinskis, der sich gegen eine lineare Mediengeschichte vom primitiven Werkzeug hin zu einer komplexen Maschine ausspricht.[7] Verbunden mit Parikkas geologischem Ansatz wird Zielinskis Deep Time Konzept in „A Geology Of Media" schließlich so erweitert, dass sich eine

---

[5] Jussi Parikka: *Geology of Media*. Minneapolis: University of Minnesota Press, 2015, S. 4.
[6] Jussi Parikka: *Geology of Media*. Minneapolis: University of Minnesota Press, 2015, S. 3.
[7] Siegfried Zielinski: *Deep Time of the Media. Toward an Archaeology of Hearing and Seeing by Technical Means*, übers. v. Gloria Custance. Cambridge: The MIT Press, 2006, S. 7.

Mediengeschichte ergibt, die eng mit der Entstehung der Erde verbunden ist und somit bis auf Milliarden Jahre in die Vergangenheit zurückreicht. In Parikkas Ansatz ist die Zeit mit den verschiedenen Erdschichten verknüpft und bildet mit dem darin befindlichen geologischen Material die Grundlage des Lebens, aber auch der Industrie und Wirtschaft.[8] Denn ein modernes Smartphone besteht schließlich auch aus Materialien, die sich tief im Erdinnern befinden und aufwendig gefördert und verarbeitet werden müssen. Nach der Nutzungsphase werden die meisten Geräte unsachgemäß entsorgt oder aufbewahrt und finden nicht selten ihren Weg als toxische Ablagerungen zurück in die Natur.[9] Dieser Aspekt wird in der Auseinandersetzung mit der digitalen Medienkultur jedoch nur selten beachtet und stellt im Zeitalter des Anthropozän einen fundamentalen Faktor dar, wenn es um die nachhaltige Entwicklung digitaler Medien geht. Die Notwendigkeit seiner geologischen Herangehensweise sieht Parikka auch darin begründet, dass in unserer gelebten Medienpraxis digitale Technologien durch ihre weiterentwickelte Funktionsweise hin zum Cloud Computing zunehmend immateriell erscheinen und somit die Auswirkungen auf die Umwelt weitestgehend unsichtbar bleiben: „Nineteenth-century urbanization meant a move underground, whereas we seem to live a twenty-first-century move to the heavens."[10]

In einem ersten Schritt hin zu einer nachhaltigeren Nutzung von digitalen Medientechnologien ist es daher dringend erforderlich, Nutzer*innen weiter darauf aufmerksam zu machen, dass Streamingdienste, Online-Software und auch Online-Datenspeicherung dauerhaft Ressourcen und Energie verbrauchen. Diese Tatsache gilt es auch in den Medienwissenschaften zumindest nicht außer Acht zu lassen und von den elektronischen Gerätschaften und ihren Komponenten noch tiefer bis zu ihrer Materialität vorzustoßen.

---

[8] Jussi Parikka: *Geology of Media*. Minneapolis: University of Minnesota Press, 2015, S. 40.
[9] Jussi Parikka: *Geology of Media*. Minneapolis: University of Minnesota Press, 2015, S. 48.
[10] Jussi Parikka: *Geology of Media*. Minneapolis: University of Minnesota Press, 2015, S. 29.

2.2 Digitale Medientechnologien und der Abbau relevanter Materialien

Während in Jussi Parikkas „A Geology Of Media" klassische medientheoretische Ansätze erweitert werden, um den Blick vom Medium selbst auch auf Aspekte der Umwelt zu lenken, erscheint es in Bezug auf die Frage der Nachhaltigkeit und Digitalität ebenso sinnvoll, auch die komplexen Verflechtungen zwischen dem Abbau von notwendigen Materialien und der Herstellung digitaler Medien detailliert weiter zu entschlüsseln. Denn obwohl sich in vielen Bereichen wie beispielsweise der Bekleidungsindustrie nachhaltige Ansätze bereits etabliert haben, scheinen digitale Medientechnologien bisher noch größtenteils davon ausgenommen zu sein. Das Smartphone stellt dabei durch die vielen einzelnen Bauteile hervorragend verschiedene Aspekte digitaler Medientechnologien dar. In dem komplexen technischen Design von Smartphones sieht der Medienhistoriker Matthew Hockenberry jedoch auch eines der zentralen Probleme und kritisiert: „The tiers of the supply chain might reasonably involve hundreds of companies and thousands of workers, even to produce a single part."[11] Dabei ist es nicht nur für die Nutzer*innen angesichts der undurchsichtigen Lieferketten nachvollziehbar, unter welchen Bedingungen ihr Gerät hergestellt wurde, sondern selbst global agierende Unternehmen sind nicht in der Lage, die Herstellungsbedingungen bis ins letzte Detail zu verfolgen. Denn allein die Liste der Zulieferer ist beim marktführenden Technologiegiganten Apple bereits 17 Seiten lang und beinhaltet nicht, woher die Subunternehmen ihre Materialien beziehen.[12] Der Abbau von seltenen Mineralien und Metallen ist jedoch ein wesentlicher Aspekt, wenn es darum geht, digitale Medientechnologien nachhaltiger zu gestalten. In dem Aufsatz „Das ‚Fairphone' – ein Impuls in Richtung nachhaltige Elektronik?" verweisen Joshena Drießenbacher und Armin Reller daher zurecht auf diverse Umweltrisiken beim Abbau relevanter Materialien für den Smartphone-Sektor, die aus der folgenden Tabelle zu entnehmen sind.[13]

---

[11] Matthew Hockenberry: „Material Epistemologies of the (Mobile) Telephone", *Anthropological Quarterly*, 2/91 (2018): S. 493.

[12] Apple Inc.: „Apple Supplier List | Fiscal Year 2020". In: *Apple - Offizielle Seite*, https://www.apple.com/supplier-responsibility/pdf/Apple-Supplier-List.pdf, 2021 [20.08.2021].

[13] Armin Reller, Joshena Dießenbacher: „Das ‚Fairphone' – ein Impuls in Richtung nachhaltige Elektronik?". In: *Kritische Metalle in der Großen Transformation*, hrsg. v. Andreas Exner, Klaus Kümmerer und Martin Held. Heidelberg: Springer Spektrum Berlin, 2016, S. 280.

Gewinnungsstadium	Mögliche Umweltauswirkungen
Gewinnung des Erzes	Zerstörung von Habitaten, menschlichen Siedlungen und anderen Landschaftselementen (Tagebau) Absenkungsphänomene (Untertagebau) Zunahme der Erosion; Verschlammung von Seen und Fließgewässern Erzeugung von Abraum bei hohem Energieaufwand Versauerung von Seen, Fließgewässern und Grundwasser (wenn Erz oder Abraum Schwefelverbindungen enthält) sowie Kontaminationen durch Schwermetalle
Anreicherung des Erzes	Erzeugung von Erzabraum Kontaminationen (Erzabfälle enthalten oft Rückstände der zur Anreicherung verwendeten Chemikalien) Versauerung von Seen, Fließgewässern und Grundwasser
Verhüttung	Luftverschmutzung (die Emissionen können Schwefeldioxid, Arsen, Blei, Cadmium und andere toxische Stoffe enthalten) Erzeugung von toxischen Schlacken Hoher Energieaufwand (die meiste von der Bergbauindustrie verbrauchte Energie geht in die Verhüttung)

Abb. 3 Kritische Metalle in der großen Transformation

Wirft man einen detaillierteren Blick auf die Tabelle, wird deutlich, dass nicht nur zahlreiche Risiken bei der Gewinnung von Metallen entstehen, sondern diese auch in jeder Abbauphase auftreten und dabei tiefgreifende Folgen wie die unumkehrbare Zerstörung sowie die Kontamination natürlicher Habitate mit sich bringen. Außerdem muss bedacht werden, dass einige der wichtigsten Abbaugebiete in weniger entwickelten Ländern liegen, in denen es bis in die 2000er Jahre hinein kaum Richtlinien zum Schutz von Umwelt und Arbeiter*innen gegeben hat.

Aufgrund gewalttätiger Auseinandersetzungen in Teilen Zentralafrikas insbesondere der Kongokriege, die durch Konfliktrohstoffe[14] mitfinanziert wurden, ist die Problematik der prekären Abbaubedingungen das erste Mal ins Blickfeld der Öffentlichkeit geraten und hat neue Lösungsansätze dringend erforderlich gemacht.[15] Daraus resultierend sind einige Zertifizierungssysteme hervorgegangen, die den Handel und die Abbaubedingungen transparenter gestalten sollen. Eines der umfangreichsten Kontrollsysteme für Konfliktrohstoffe bildet der Dodd-Frank-Act, der von den USA zur Stabilisierung des Finanzmarkts im Jahr 2010 verabschiedet wurde und auch einen ausführlichen Paragraphen

---

[14] Gemeint sind Rohstoffe, die sowohl unter sozial prekären Umständen abgebaut wurden als auch die Umwelt durch unsachgemäße Förderung beschädigt haben.
[15] Andreas Manhart, Tobias Schleicher: „Conflict minerals – An evaluation of the Dodd-Frank Act and other resource-related measures". In: *Öko-Institut e.V.*, https://www.oeko.de/publikationen/p-details/conflict-minerals-an-evaluation-of-the-dodd-frank-act-and-other-resource-related-measures-1, 1/2013 [30.08.2022].

zur Verwendung von Konfliktrohstoffen aus dem Kongo und seiner Nachbarländer in US-amerikanischen Produkten beinhaltet.[16] Der Fokus liegt hier jedoch primär darauf, dass eine Mitfinanzierung gewalttätiger Auseinandersetzungen in der Region verhindert wird. Umfassende Umweltschutzmaßnahmen sind dabei nicht inbegriffen. In Bezug auf die Fragestellung, inwiefern man digitale Medientechnologien nachhaltiger gestalten kann, scheinen Zertifizierungssysteme der Bundesanstalt für Geowissenschaften und Rohstoffe erfolgversprechender. In einem Pilotprojekt in Brasilien arbeitet die Fachbehörde an einem System, das neben der Transparenz von Arbeitsstandards vor allem den Schutz der Natur mithilfe eines speziellen Biomining-Verfahrens bei der Kobalt- und Nickelgewinnung in den Fokus rückt. Hierbei werden umweltfreundliche und säureliebende Bakterien eingesetzt, um die Metalle aus dem Erzgestein zu laugen.[17] Dennoch sollte an dieser Stelle darauf verwiesen werden, dass die Zertifizierungssysteme für Konfliktrohstoffe bisher sehr unüberschaubar sind und sich zu wenig auf Umweltschutzmaßnahmen richten.[18]

2.3 Fairphone: Ambivalenzen eines aufstrebenden Social Entrepreneurs

Die vorangegangene Analyse der Abbaubedingungen seltener Metalle und Erden und die medientheoretische Relevanz der Thematik legen es an dieser Stelle nahe, sich von der komplexen Ausgangssituation bei der Produktion digitaler Medientechnologien nun auf das konkrete Fallbeispiel des niederländischen Unternehmens Fairphone zu konzentrieren. Gegenwärtig gehört der niederländische Smartphone-Hersteller zu den populärsten nachhaltigen Unternehmen in der Elektronikindustrie und wirbt auf der eigenen Internetseite mit Aussagen wie: „Wir setzen uns für Mensch und Umwelt ein."[19] oder „Gemeinsam mit unserer Community sind wir eine ganze Bewegung – und arbeiten Schritt für Schritt daran, dass Nachhaltigkeit und faire Arbeitspraktiken in der Elektronikindustrie in den Mittelpunkt gerückt werden."[21] Am Duktus dieser Beispiele lässt sich unschwer erkennen, dass es sich

---

[16] Armin Reller, Joshena Dießenbacher: „Das ‚Fairphone' – ein Impuls in Richtung nachhaltige Elektronik?". In: *Kritische Metalle in der Großen Transformation*, hrsg. v. Andreas Exner, Klaus Kümmerer und Martin Held. Heidelberg: Springer Spektrum Berlin, 2016, S. 284.

[17] Axel Schippers, Sabrina Hedrich: „Metallgewinnung mittels Geobiotechnologie", *Chemie Ingenieur Technik*, 89/1-2 (2017): S. 29.

[18] Armin Reller, Joshena Dießenbacher: „Das ‚Fairphone' – ein Impuls in Richtung nachhaltige Elektronik?". In: *Kritische Metalle in der Großen Transformation*, hrsg. v. Andreas Exner, Klaus Kümmerer und Martin Held. Heidelberg: Springer Spektrum Berlin, 2016, S. 283-284.

[19] Fairphone: „Unsere Mission". In: *Fairphone*, https://www.fairphone.com/de/story/, 2022 [28.08.2022].

hierbei nicht um ein gewöhnliches Unternehmen handelt, sondern der Fokus stark auf einen ethischen und umweltorientierten Umgang mit digitaler Medientechnologie und weniger auf marktführende Innovation[20] gerichtet ist. Das suggeriert auch schon der Begriff „Fair" im Namen des Produkts. Inwiefern jedoch die nachhaltige Herstellung eines Smartphones möglich ist, welche Grenzen sich dabei ergeben und was man unter einer „fairen" Produktionsweise verstehen kann, gilt es nun im Folgenden zu diskutieren. Das technische und optische Design des Fairphones lehnt sich an die an die Vorbilder größerer Hersteller an und setzt sich in der aktuellen Generation aus einem Touch-Display, vier Kameras (auf der Rückseite drei Stück und eine Frontkamera) sowie den gängigen Bauteilen der Computereinheit zusammen. Da sich die Funktionen des Fairphones nicht merklich von denen anderer handelsüblicher Smartphones unterscheiden, steht das Unternehmen vor der Herausforderung, ein konkurrenzfähiges Produkt zu entwickeln, das dennoch in den Nutzungsstadien von der Produktion bis hin zur Recyclingfähigkeit den eigenen hochgesteckten sozialen und ökologischen Standards entspricht.

Doch schon bei den notwendigen Materialien sind in der ersten Generation des Fairphones von den 30 benötigten Metallen gerade mal zwei aus zertifizierten Herkunftsgebieten. Dazu hat sich der Hersteller den beiden Initiativen „Conflict-Free Tin Initiative" und „Solutions for Hope" angeschlossen, die im Kongo Zinn und Tantal unter verbesserten Arbeitsbedingungen fördern.[21] Umweltschutzmaßnahmen schließen die beiden Initiativen jedoch nicht mit ein und daher lässt sich hier kritisch anmerken, dass das Fairphone zumindest in seiner Materialität nicht weit über dem üblichen ökologischen Standard einzuordnen ist.[22] Allerdings gestaltet sich eine effektive Verbesserung der komplexen und undurchsichtigen Rohstoffgewinnung für ein kleines Unternehmen mit nur geringen finanziellen Möglichkeiten als außerordentlich schwierig. Daher hat sich das Fairphone in der technischen Umsetzung auf einen wesentlichen Aspekt konzentriert, der einen erheblichen Faktor in Bezug auf die Umweltbilanz darstellt: Das Smartphone ist seit der ersten Generation in Teilen modular und entwickelt dieses Konzept

---

[20] Gemeint sind medientechnische Innovationen im Smartphone-Sektor wie beispielsweise die Entsperrung des Displays über eine Gesichtserkennung

[21] Armin Reller, Joshena Dießenbacher: „Das ‚Fairphone' – ein Impuls in Richtung nachhaltige Elektronik?". In: *Kritische Metalle in der Großen Transformation*, hrsg. v. Andreas Exner, Klaus Kümmerer und Martin Held. Heidelberg: Springer Spektrum Berlin, 2016, S. 286.

[22] Johanna Heidegger, Lukas Rüttinger und Laura Griestop: „International Council on Mining and Metals (ICMM). UmSoRess Steckbrief". In: *Umweltbundesamt*, https://www.umweltbundesamt.de/dokument/umsoress-steckbrief-international-council-on-mining, 2015 [02.09.2022].

stetig weiter. Für viele Konsument*innen wird somit auch ein attraktives Kaufargument geschaffen.[23] Denn bei nahezu allen konkurrierenden Herstellern wie Apple oder auch Samsung ist es nicht ohne weiteres möglich, einzelne Komponenten wie beispielweise ein beschädigtes Display auszutauschen. In der aktuellen Generation des Fairphone hingegen sind nur wenige Leiterplatten verbaut, auf denen die einzelnen Komponenten mit einfachen Steckverbindungen sitzen, so dass eine Reparatur selbst für ungeübte Nutzer*innen mit einem gewöhnlichen Schraubenzieher und einer Kreditkarte möglich ist.[24]

Anm. der Redaktion:
aus urheberrechtlichen Gründen wurde diese Abbildung entfernt.

Abb. 4: Screenshot eines YouTube-Videos über den Displaytausch eines Fairphone

Über Plattformen sozialer Medien informiert der niederländische Hersteller mit Videos und detaillierten Anleitungen zu Reparaturmöglichkeiten. Auf einem Online-Forum gibt es zudem die Möglichkeit, sich über Erfahrungen auszutauschen. Mit diesem modularen Ansatz verfolgt das Fairphone eine erfolgversprechende Strategie zur Verbesserung der eigenen Umweltbilanz, die sich vor allem in einer längeren Nutzungsdauer und effizienten Recyclingfähigkeit widerspiegelt. Denn die fachgerechte Aufbereitung veralteter digitaler

---

[23] David Sánchez, Marina Proske und Sarah-Jane Baur: „LIFE CYCLE ASSESSMENT OF THE FAIRPHONE 4". In: *Fraunhofer-Institut für Zuverlässigkeit und Mikrointegration IZM*, https://www.izm.fraunhofer.de/de/news_events/tech_news/smartphones-fuenf-jahre-nutzen-verringert-die-jaehrliche-auswirkung-auf-die-globale-erwaermung.html, 03.05.2022 [25.08.2022], S.11.

[24] David Sánchez, Marina Proske und Sarah-Jane Baur: „LIFE CYCLE ASSESSMENT OF THE FAIRPHONE 4". In: *Fraunhofer-Institut für Zuverlässigkeit und Mikrointegration IZM*, https://www.izm.fraunhofer.de/de/news_events/tech_news/smartphones-fuenf-jahre-nutzen-verringert-die-jaehrliche-auswirkung-auf-die-globale-erwaermung.html, 03.05.2022 [25.08.2022], S.17.

Medientechnologien ist hochkomplex und schließt gleich mehrere aufwendige Verfahren ein, die sowohl Ressourcen als auch Energie verbrauchen:

> Recycling electronic devices requires a combination of steps, including dismantling, size reduction/liberation (shredding), physical sorting and further metallurgical and other final treatment processing. Materials are inevitably lost at every phase of the process, and the overall recycling efficiency also depends on the design of the products, the properties of the materials they are made of, how well the waste is collected and sorted, and more.[25]

Die Grundannahme, dass bei einem fachgerechten Verwertungsprozess insbesondere bei Smartphones oder Computern eine effiziente Rückgewinnung relevanter Materialien erzielt werden kann, ist also schlicht unwahr und setzt für die nachhaltige Nutzung der Geräte ein modulares Design zur möglichen Reparatur voraus. Das Fairphone wirkt dabei impulsgebend einem globalen Trend entgegen, der sich durch einen ungebremsten Konsum von Smartphones auszeichnet und allein im Jahr 2021 mit einem weltweiten Absatz von 1,36 Milliarden Geräten[26] einen neuen Höchststand erreicht hat. Des Weiteren besteht eine grundlegende Problematik darin, dass die Nutzer*innen ihr Smartphone häufig als Lifestyle-Objekt begreifen und durchschnittlich bereits nach zwei Jahren wieder auf ein neues Gerät zurückgreifen.[27] Betrachtet man jedoch die detaillierten Ergebnisse des Fraunhofer-Instituts für Zuverlässigkeit und Mikrointegration über die Umweltbelastung des Fairphone 4 wird deutlich, dass die Verlängerung der Nutzungsphase ausschlaggebend für eine verbesserte Umweltbilanz ist: „Based on the analysis [of the life cycle of the fairphone 4], it is estimated that the GW [Global Warming] impact per year of use can be reduced by around 45% if prolonging use from 3 to 7 years."[28] Hierbei zielt das Fairphone auf ein neues Interesse einiger Nutzer*innen an langlebigen Produkten und einem nachhaltigen Konsum ab. Die rasanten technischen Entwicklungen im Smartphone-Sektor und anfänglichen produktionsbedingten Schwierigkeiten haben allerdings dazu geführt, dass trotz der vielseitigen Anstrengungen hin

---

[25] Antoinette van Schaik, Markus A. Reuter und Miquel Ballester: „Limits of the Circular Economy: Fairphone Modular Design Pushing the Limits", *World of Metallurgy – Erzmetall*, 2/71 (2018): S.73.

[26] F.Tenzer: „Absatz von Smartphones weltweit in den Jahren 2009 bis 2021". In: *Statista*, https://de.statista.com/statistik/daten/studie/12865/umfrage/prognose-zum-absatz-von-smartphones-weltweit/, 02.02.2022 [11.09.2022].

[27] Katja Biedenkopf, Kris Bachus und Sarah Van Eynde: „Environmental, climate and social leadership of small enterprises: Fairphone's step-by-step approach", *Environmental Politics*, 1/28 (2018): S. 47.

[28] David Sánchez, Marina Proske und Sarah-Jane Baur: „LIFE CYCLE ASSESSMENT OF THE FAIRPHONE 4". In: *Fraunhofer-Institut für Zuverlässigkeit und Mikrointegration IZM*, https://www.izm.fraunhofer.de/de/news_events/tech_news/smartphones-fuenf-jahre-nutzen-verringert-die-jaehrliche-auswirkung-auf-die-globale-erwaermung.html, 03.05.2022 [25.08.2022], S.17.

zu einer Langzeitnutzung in den letzten sieben Jahren insgesamt vier weiterentwickelte Versionen der ersten Generation des Fairphones auf den Markt gekommen sind. Wirft man den Blick nun auf das aktuelle Modell, lässt sich dennoch festhalten, dass eine stetige Optimierung des modularen Designs zu einer verbesserten Ökobilanz geführt haben und das Unternehmen mit einer Garantie von fünf Jahren[29] für das Fairphone sowie der Software eine Langzeitnutzung ermöglicht.

2.4 Lifecycle Assessment of digital Media: Kernproblematik der toxischen Elektronikabfälle

Für die Bewertung hinsichtlich der Ökobilanz verschiedener Produkte eignet sich ein Lifecycle Assessment, das sich wesentlich in die Förderung von Materialien, die Herstellung, den Transport, die aktive Nutzungsphase und die Entsorgung unterteilen lässt.[30] Der Fokus dieser Hausarbeit hat sich bisher insbesondere auf die ersten Stadien des Lifecycles konzentriert, da es in der Diskussion über Nachhaltigkeit bei digitalen Medientechnologien sinnvoll erscheint, zuerst Ambivalenzen des Herstellungsprozesses und der Nutzung zu beleuchten, bevor es detailliert um Problematiken der umweltgerechten Entsorgung geht. Es lässt sich nicht von der Hand weisen, dass der Umgang mit Elektronikschrott eine der zentralen Herausforderungen in Zeiten zunehmender Technologisierung[31] sein wird. Die Medienwissenschaftlerin Jennifer Gabrys formuliert es daher so:

> E-waste—trashed electronic hardware, from personal computers and monitors to mobile phones, DVD players, and television sets—is, like the electronics industry, growing at an explosive rate. Electronics consist of a broad range of devices now designed with increasingly shorter life spans, which means that every upgrade will produce its corresponding electronic debris.[32]

Der entscheidende Unterschied zu anderen zivilisatorischen Abfällen hängt jedoch bei ausgemusterten digitalen Medientechnologien nicht nur mit der immer kürzeren Nutzungsphase und dem steigenden Konsum zusammen, sondern schließt insbesondere auch ihre vielschichtige Materialität mit ein. Denn während Plastik- oder Glasflaschen in

---

[29] Fairphone: „Shop". In: *Fairphone*, https://shop.fairphone.com/de/buy-fairphone-4, 2022 [28.08.2022].
[30] Antoinette van Schaik, Markus A. Reuter und Miquel Ballester: „Limits of the Circular Economy: Fairphone Modular Design Pushing the Limits", *World of Metallurgy – Erzmetall*, 2/71 (2018): S.3.
[31] Gemeint ist hier der ständig wachsende Einsatz digitaler Medientechnologien in Arbeitsprozessen und der privaten Nutzung
[32] Jennifer Gabrys: *Digital Rubbish. A Natural History of Electronics*. San Francisco: The University of Michigan Press, 2013, S. 2.

ausgereiften Prozessen recycelt werden, finden die zunehmenden Elektronikabfälle westlicher Industrieländer ihren Weg meist illegal in weniger entwickelte Länder zurück, die ursprünglich die Grundlage für ihr Bestehen in materieller Form geliefert haben.[33] In diesen Regionen werden unter sozial prekären Umständen häufig umweltschädliche Praktiken zur Wertstoffrückgewinnung angewendet, die sich hauptsächlich auf das Verbrennen und Zerkleinern der Geräte beschränken. Dabei tragen die Arbeiter*innen während des Verwertungsprozesses weder Schutzbekleidung noch ist es für sie realisierbar entstehende toxische Rückstände fachgerecht zu entsorgen. In der folgenden Abbildung suchen drei junge Männer in den Überresten verbrannter Elektronikkabel nach Kupfer und befinden sich dabei auf den meterdicken Schichten giftiger Abfälle auf einer Mülldeponie in Ghana.

Anm. der Redaktion:
aus urheberrechtlichen Gründen wurde diese Abbildung entfernt.

Abb. 5 drei Männer auf einer Mülldeponie in Ghana

Selten tritt die Divergenz zwischen der digitalen Medienkultur und den abgehängten Parallelgesellschaften in weniger entwickelten Ländern so stark hervor, wie bei der unsachgemäßen Entsorgung elektronischer Geräte. Denn während führende Tech-Giganten und der Westen im digitalen Wandel hauptsächlich den linearen Fortschritt ihrer Gerätschaften forcieren, sind Natur und Menschen auf der anderen Hälfte des Planten mit dem stetig zunehmenden Elektronikschrott konfrontiert. Dabei steht die ansteigende Nachfrage nach notwendigen Metallen und Mineralien dem missachteten Potential elektronischer Abfälle gegenüber. So wurden allein im Jahr 2019 von den 53,6 Millionen

---

[33] Jennifer Gabrys: *Digital Rubbish. A Natural History of Electronics*. San Francisco: The University of Michigan Press, 2013, S. 91.

Tonnen Elektronikschrott[34] gerade mal 17 Prozent umweltgerecht entsorgt, obwohl die darin enthaltene Konzentration an Edelmetallen oder seltenen Mineralien deutlich höher als im Erzgestein selbst ist.[35]

3. Fazit

Das Feld der digitalen Medientechnologien und ihrer Umwelten im ökologischen sowie sozialen Sinne umfasst ein breites Spektrum an Fragestellungen und Problematiken, bei denen es zunächst dringend erforderlich ist, über das Medium selbst hinauszugehen und auch Aspekte der Ökologie, Materialität und des Recyclings miteinzuschließen. Das Konzept der „Geology of Media" von Jussi Parikka bildet hierfür den idealen Grundstein und liefert wichtige Kriterien für eine neue Bewertung der digitalen Medienkultur, indem klassische medientheoretische Ansätze erweitert werden und sich gleichzeitig der Blick vom Medium auf die technischen Komponenten bis hin zu ihrem elementaren Ursprung konzentriert. In Bezug auf die Fragestellung, inwiefern es möglich ist, digitale Medientechnologien hinsichtlich des Ressourcen- und Energieverbrauchs nachhaltig zu gestalten, lässt sich an dieser Stelle festhalten, dass der Fokus auch auf den konkreten Abbaubedingungen für Metalle sowie seltener Mineralien liegen muss. In der Analyse spezifischer Medientechnologien wie dem Fairphone stellt sich die alleinige Erkenntnis einer vielschichtigen Materialität als ungenügend heraus und setzt für eine Bewertung unter Umweltfaktoren die detaillierte Entschlüsselung der komplexen Förderungsstrukturen voraus. Dazu können sowohl die komplexen Abbaumethoden der unterschiedlichen Materialien als auch Mechanismen zur Nachverfolgung von Konfliktrohstoffen wie der Dodd-Frank Act untersucht werden. Die Auseinandersetzung mit dem Fairphone hat bezüglich der Fragestellung erkenntnisreiche Resultate erzielt, die eine detaillierte Bewertung hinsichtlich der Ökobilanz des Smartphones ermöglichen und somit auch wichtige Erkenntnisse zum Thema Digitalität und Nachhaltigkeit liefern. Zuerst fällt dabei insbesondere die ungewöhnliche Kommunikation des Unternehmens auf, die sich durch einen idealistischen Ton kennzeichnet und anscheinend ein

---

[34] Cornelis Peter Baldé et al.: „The Global Transboundary E-waste Flows Monitor 2022". In: *E-Waste Monitor*, https://ewastemonitor.info/gtf-2022/, 2022 [12.09.22], S. 26.

[35] Armin Reller, Joshena Dießenbacher: „Das ‚Fairphone' – ein Impuls in Richtung nachhaltige Elektronik?". In: *Kritische Metalle in der Großen Transformation*, hrsg. v. Andreas Exner, Klaus Kümmerer und Martin Held. Heidelberg: Springer Spektrum Berlin, 2016, S. 278.

Gemeinschaftsgefühl bei den Konsument*innen auslösen soll. Bei den benötigten Rohstoffen setzt der Hersteller auf einzelne zertifizierte Quellen, schafft es bei dem Großteil der notwendigen Materialien jedoch nicht, auf nachhaltige Alternativen umzusteigen. Bei der Technologie hingegen lässt sich feststellen, dass die innovativen Ideen im technischen Design zu einer verbesserten Ökobilanz des Smartphones geführt haben. Durch das stetig weiterentwickelte modulare Design lässt sich das Gerät deutlich besser reparieren und dadurch länger nutzen. Darüber hinaus steigt die Recyclingfähigkeit durch die steckbaren technischen Komponenten. Dieser Aspekt beinhaltet einen der wesentlichen Lösungsansätze, wenn es um Nachhaltigkeit und digitale Medientechnologien geht. Denn der stetig anfallende und zunehmende toxische Elektronikabfall wird nur selten umweltgerecht entsorgt.

In der Diskussion bleiben allerdings auch einige Fragen unbeantwortet: Der Fokus dieser Arbeit hat auf Probleme der Nachhaltigkeit digitaler Medientechnologien abgezielt und das Fairphone exemplarisch untersucht. Ergänzend wäre eine vergleichende Studie mit dem Gerät eines marktführenden Herstellers wie Apple interessant, um herauszufinden, wie signifikant die Unterschiede in den ökologischen und sozialen Bedingungen zwischen dem Fairphone und einem handelsüblichen Smartphone tatsächlich sind. Zudem könnte sich die Diskussion auch um Fragestellungen der zunehmenden Technisierung der Gesellschaft drehen. Schließlich entstehen immer neue Technologien wie Smartwatch oder Tablet-Computer, die in ihrer Funktion höchstens eine Ergänzung zu den gängigen Technologien darstellen und faktisch nicht mehr Funktionen mit sich bringen. In der Recherche über das Fairphone hatte ich nur einmal die Chance, das Gerät für eine kurze Zeit selbst auszuprobieren, weil es in Benutzung war. Hierbei wäre neben der reinen Analyse ein ethnografischer Ansatz aufschlussreich zur Praktikabilität gewesen, der zumindest eine kurzfristige Nutzung im Alltag miteingeschlossen hätte.

Eines der zentralen Probleme bleibt jedoch weiterhin die einzigartige und vielschichtige Beschaffenheit digitaler Medientechnologien. Jussi Parikka formuliert es daher so:

> There is a need to account for the undead nature of obsolete media technologies and devices in at least two ways: to be able to remember that media never die but remain as toxic waste residue, and also that we should be able to repurpose and reuse solutions in new ways, as, for instance, circuit bending and hardware hacking practices imply.[36]

Praktiken des Circuit Bending oder Hardware Hacking beinhalten dabei einen interessanten Aspekt der Wiederverwendung . Hierbei wird gebrauchte Elektronik modifiziert oder durch kleine Änderungen in einem anderen Kontext genutzt. Verknüpft man diese Idee mit dem modularen technischen Aufbau des Fairphones, könnte sich daraus ein raffiniertes technisches Design ergeben, das sich darin auszeichnet, nicht nur defekte Teile des Smartphones auszutauschen, sondern mit leistungsstärkeren Komponenten aufzurüsten. Die Langzeitnutzung der Geräte könnte somit noch weiter optimiert werden und eine verbesserte Ökobilanz aufweisen. Denn aus der Analyse dieser Arbeit geht schlussendlich hervor, dass einer der wirkungsvollsten Lösungsansätze für nachhaltigere Medientechnologien schlicht darin liegt, die Gerätschaften möglichst lange zu betreiben. Daneben sollte das umweltorientierte Recycling und ein modulares technisches Design weiter forciert werden, damit sich in Zeiten des Anthropozän Nachhaltigkeit und Digitalität nicht unumkehrbar zu einer Antithese entwickeln.

---

[36] Jussi Parikka: *Geology of Media*. Minneapolis: University of Minnesota Press, 2015, S. 48.

4. Literaturverzeichnis

Andreas Manhart, Tobias Schleicher: „Conflict minerals – An evaluation of the Dodd-Frank Act and other resource-related measures". In: *Öko-Institut e.V.*, https://www.oeko.de/publikationen/p-details/conflict-minerals-an-evaluation-of-the-dodd-frank-act-and-other-resource-related-measures-1, 1/2013 [30.08.2022].

Annika Richterich, Jussi Parikka: „A Geology Of Media And A New Materialism: Jussi Parikka in Conversation with Annika Richterich", *Digital Culture & Society*, 1/1 (2015), S. 213-226.

Antoinette van Schaik, Markus A. Reuter und Miquel Ballester: „Limits of the Circular Economy: Fairphone Modular Design Pushing the Limits", *World of Metallurgy – Erzmetall*, 2/71 (2018): S. 68-79.

Armin Reller, Joshena Dießenbacher: „Das ‚Fairphone' – ein Impuls in Richtung nachhaltige Elektronik?". In: *Kritische Metalle in der Großen Transformation*, hrsg. v. Andreas Exner, Klaus Kümmerer und Martin Held. Heidelberg: Springer Spektrum Berlin, 2016, S. 269-289.

Axel Schippers, Sabrina Hedrich: „Metallgewinnung mittels Geobiotechnologie", *Chemie Ingenieur Technik*, 89/1-2 (2017): S. 29-39.

Cornelis Peter Baldé et al.: „The Global Transboundary E-waste Flows Monitor 2022". In: *E-Waste Monitor*, https://ewastemonitor.info/gtf-2022/, 2022 [12.09.22].

David Sánchez, Marina Proske und Sarah-Jane Baur: „LIFE CYCLE ASSESSMENT OF THE FAIRPHONE 4". In: *Fraunhofer-Institut für Zuverlässigkeit und Mikrointegration IZM*, https://www.izm.fraunhofer.de/de/news_events/tech_news/smartphones-fuenf-jahre-nutzen-verringert-die-jaehrliche-auswirkung-auf-die-globale-erwaermung.html, 03.05.2022 [25.08.2022].

Jennifer Gabrys: *Digital Rubbish. A Natural History of Electronics*. San Francisco: The University of Michigan Press, 2013.

Johanna Heidegger, Lukas Rüttinger und Laura Griestop: „International Council on Mining and Metals (ICMM). UmSoRess Steckbrief". In: *Umweltbundesamt*, https://www.umweltbundesamt.de/dokument/umsoress-steckbrief-international-council-on-mining, 2015 [02.09.2022].

Jussi Parikka: *Geology of Media*. Minneapolis: University of Minnesota Press, 2015.

Katja Biedenkopf, Kris Bachus und Sarah Van Eynde: „Environmental, climate and social leadership of small enterprises: Fairphone's step-by-step approach", *Environmental Politics*, 1/28 (2018): S. 43-63.

Matthew Hockenberry: „Material Epistemologies of the (Mobile) Telephone", *Anthropological Quarterly*, 2/91 (2018): S. 485-524.

Siegfried Zielinski: *Deep Time of the Media. Toward an Archaeology of Hearing and Seeing by Technical Means*, übers. v. Gloria Custance. Cambridge: The MIT Press, 2006.

5. Quellenverzeichnis

Apple Inc.: „Apple Supplier List | Fiscal Year 2020". In: *Apple - Offizielle Seite*, https://www.apple.com/supplier-responsibility/pdf/Apple-Supplier-List.pdf, 2021 [20.08.2021].

Everyday Hero, Apple, YouTube-Video, https://www.youtube.com/watch?v=abDXzygET-w, USA, 15.09.2021 [24.08.2022].

Fairphone: „Unsere Mission". In: *Fairphone*, https://www.fairphone.com/de/story/, 2022 [28.08.2022].

Fairphone: „Shop". In: *Fairphone*, https://shop.fairphone.com/de/buy-fairphone-4, 2022 [28.08.2022].

F.Tenzer: „Absatz von Smartphones weltweit in den Jahren 2009 bis 2021". In: *Statista*, https://de.statista.com/statistik/daten/studie/12865/umfrage/prognose-zum-absatz-von-smartphones-weltweit/, 02.02.2022 [11.09.2022].

6. Abbildungsverzeichnis

Abb. 1 © Fairphone, 2022, URL: https://shop.fairphone.com/de/buy-fairphone-4?gclid=CjwKCAjwp9qZBhBkEiwAsYFsb7M1-nKuKFeZk2jDaaVk-7ADHSg8O_mI-LRxkTSFUhOS_WTGGdPqRoCfesQAvD_BwE, [20.09.2022].

Abb. 2 Florian Weigensamer, Christian Krönes, *Welcome to Sodom*, Stuttgart 2018, Screenshot aus dem Film.

Abb. 3 Armin Reller, Joshena Dießenbacher, *Das ‚Fairphone' – ein Impuls in Richtung nachhaltige Elektronik?*, Heildeberg 2016, Tab. 14.1.

Abb. 4 © Fairphone, Screenshot eines Videos, 2022, URL: https://www.youtube.com/watch?v=SUJERxuYGLI, [20.09.2022].

Abb. 5 Florian Weigensamer, Christian Krönes, *Welcome to Sodom*, Stuttgart 2018, Screenshot aus dem Film.